**Bibliografische Information der Deutschen Nationalbibliothek:**

Die Deutsche Bibliothek verzeichnet diese Publikation in der Deutschen National-
bibliografie; detaillierte bibliografische Daten sind im Internet über http://dnb.d-
nb.de/ abrufbar.

**Impressum:**

Copyright © 2016 GRIN Verlag
Druck und Bindung: Books on Demand GmbH, Norderstedt Germany
ISBN: 9783346096296

**Dieses Buch bei GRIN:**

https://www.grin.com/document/511882

Benjamin Maser

# Grundlagen, Anwendungsfelder und Perspektiven von Public Private Partnership (PPP)

## Wieso scheiterte das Projekt "ÖPP-Ingenieurbauwerke Frankfurt am Main"?

GRIN Verlag

**GRIN - Your knowledge has value**

Der GRIN Verlag publiziert seit 1998 wissenschaftliche Arbeiten von Studenten, Hochschullehrern und anderen Akademikern als eBook und gedrucktes Buch. Die Verlagswebsite www.grin.com ist die ideale Plattform zur Veröffentlichung von Hausarbeiten, Abschlussarbeiten, wissenschaftlichen Aufsätzen, Dissertationen und Fachbüchern.

**Besuchen Sie uns im Internet:**

http://www.grin.com/

http://www.facebook.com/grincom

http://www.twitter.com/grin_com

Hochschule für Wirtschaft und Recht
Fernstudieninstitut
Master-Studiengang Public Administration (MPA)

# Modul 9

(Öffentliche Finanzwirtschaft)

# Grundlagen, Anwendungsfelder und Perspektiven von PPP am Beispiel
# Projekt ÖPP-Ingenieurbauwerke Frankfurt am Main

# Einsendearbeit

vorgelegt von:

Benjamin Maser

Semester: SS 2016

# Inhaltsverzeichnis

# Abkürzungsverzeichnis

| | |
|---|---|
| BHO | Bundeshaushaltsordnung |
| CDU | Christlich Demokratische Union Deutschlands |
| DDR | Deutsche Demokratische Republik |
| GemHVO Hessen | Gemeindehaushaltsverordnung Hessen |
| GOOB | Geschäftsordnung der Ortsbeiräte |
| HGO | Hessische Gemeindeordnung |
| ÖPNV | Öffentlicher Personennahverkehr |
| ÖPP | Öffentlich-Private-Partnerschaft |
| ÖPPBeschlG | Gesetz zur Beschleunigung der Umsetzung von Öffentlich Privaten Partnerschaften und zur Verbesserung gesetzlicher Rahmenbedingungen der Öffentlich Privaten Partnerschaften |
| PPP | Public Private Partnership |
| SPD | Sozialdemokratische Partei Deutschlands |
| UDC | Urban Development Corporations |
| vWU | vorläufige Wirtschaftlichkeitsberechnung |
| VV-BHO | Allgemeine Verwaltungsvorschriften zur Bundeshaushaltsordnung |

# 1 Einleitung

In Zeiten knapper Haushaltskassen sowie einem Investitionsstau bei bestehender und neuer Infrastruktur suchen Bund, Länder und Kommunen immer wieder nach neuen beziehungsweise anderen Finanzierungsmöglichkeiten. Seit geraumer Zeit ist dabei die Begrifflichkeit des Public Private Partnership (PPP) beziehungsweise der Öffentlich-Privaten-Partnerschaft (ÖPP) ein Thema hinsichtlich einer Alternativfinanzierung. Diese Finanzierungsmöglichkeit wird auf verschiedenen Ebenen und in sämtlichen Variationen immer wieder ins Spiel gebracht, als einzige Finanzierungslösung ins Feld gestellt und somit als Heilsbringer gefeiert. Bund, Länder und Kommunen argumentieren bei dieser Finanzierungsmethode zumeist mit Kostenvorteilen, einer beschleunigten Projektabwicklung sowie dem Fachwissen der privaten Unternehmer. Es lässt sich an dieser Stelle jedoch nicht von der Hand weisen, dass diese Argumente auch politischer Natur sein könnten, da eine Projektrealisierung zeitnah erfolgen kann, finanztechnisch jedoch nicht in diesem Ausmaß oder erst Jahre später in den öffentlichen Haushalten auftaucht. Die vorliegende Hausarbeit beschäftigt sich mit einem gescheiterten PPP- beziehungsweise ÖPP-Projekt[1] der Stadt Frankfurt am Main aus dem Jahr 2010. Damals mussten viele Ingenieurbauwerke im Straßenverkehrsraum, insbesondere Brücken, dringend saniert werden, um einem weiteren Substanzverlust und Werteverzehr entgegenwirken sowie eine funktionsfähige Verkehrsinfrastruktur weiterhin gewährleisten zu können. Aus diesem Grund prüfte eine Arbeitsgruppe im Auftrag der Stadt Frankfurt am Main mehrere Organisations- und Finanzierungsmöglichkeiten für die Bereitstellung und Unterhaltung des Ingenieurbautenbestandes. Diese aus städtischen Mitarbeitern und externen Beratern bestehende Arbeitsgruppe, untersuchte die Gesamtsituation, entwickelte eine Vorgehensweise und kam schließlich zu einem Ergebnis, mit welchem ein optimales Kosten-/Nutzenverhältnis zu erzielen sei. Das Ergebnis dieser Untersuchung war, dass der bestehende Instandsetzungs- und Sanierungsstau im Rahmen eines Projektes in Öffentlich-Private-Partnerschaft zeitnah und wirtschaftlich behoben werden kann. Gegenstand der Hausarbeit ist eine Aufarbeitung der Ereignisse des *Projektes ÖPP-Ingenieurbauwerke Frankfurt am Main* sowie eine Darstellung der Gründe für das letztendliche Scheitern des Projektes.

---

[1] Nachfolgend wird entweder von PPP oder von ÖPP die Rede sein. Wie unter Ziffer 2 erläutert wird, handelt es sich trotz einer sprachlicher Unterscheidung um eine inhaltliche Übereinstimmung.

## 2. Definition von Public Private Partnership (PPP) bzw. Öffentlich-Private-Partnerschaft (ÖPP)

Laut dem *Duden* handelt es sich bei Public Private Partnership (PPP) um eine projektbezogene Zusammenarbeit zwischen Staat und Privatwirtschaft.[2] Tiefer geht die Erläuterung des *Gabler Wirtschaftslexikons*, das unter PPP Formen der Zusammenarbeit zwischen Einheiten von öffentlichen Körperschaften, Privatunternehmen und/oder Nonprofit-Organisationen versteht, die über einen längeren Zeitraum und aufgrund einer unvollständigen Leistungsspezifikation eher prozessorientiert ausgestaltet sind.[3] Demzufolge handelt es sich bei PPP nicht um eine rein öffentliche oder rein private Leistungserbringung, sondern um eine Kombination beider Systeme.[4] Private Public Partnership wird im deutschen Sprachgebrauch zumeist auch als Öffentlich-Private-Partnerschaft (ÖPP) bezeichnet. Diese Übersetzung hat sich mittlerweile als Alternativbezeichnung für die Begrifflichkeit des PPP in Deutschland etabliert. Eine explizite Definition im eigentlichen Sinne des Public Private Partnership gestaltet sich hingegen als schwierig, da es sich um einen nicht gesetzlich normierten oder richterrechtlich entwickelten Rechtsbegriff handelt. Er umfasst keine vordefinierte Organisationsform beziehungsweise kann mit keiner bestimmten Organisationsform gleichgesetzt werden, sondern umfasst vielmehr eine Vielzahl von ganz unterschiedlich definierten Voraussetzungen.[5] Im übertragenen Sinne bedient sich der Staat zur Erfüllung seiner Aufgaben privater Dritte.[6] Bei PPP bzw. ÖPP handelt es sich dementsprechend um eine Kooperation, in der die Kommune die zur Wahrnehmung einer öffentlichen Aufgabe erforderliche Leistung nicht mehr vollständig selbst erbringt, sondern diese teilweise oder ganz von einem privaten Unternehmen erbringen lässt.[7] Ursprünglich stammt die Begrifflichkeit des Public Private Partnership aus den Vereinigten Staaten von Amerika, der amerikanische Präsident James Earl „Jimmy" Carter Jr. prägte den Begriff „Public Private Partnership" im Jahr 1978.[8] Er diente in dieser Zusammensetzung als

---

[2] Vgl. Duden, online unter: http://www.duden.de/rechtschreibung/Public_private_Partnership

[3] Vgl. Gabler Wirtschaftslexikon, online unter:
http://wirtschaftslexikon.gabler.de/Definition/public-private-partnership.html

[4] Vgl. Wolff (2014), S. 2

[5] Vgl. Böhm (1999), S. 19

[6] Vgl. Reutzel et al. (2008), S. 16

[7] Vgl. SPD-Bundestagsfraktion, S. 9, online unter: http://www.wasser-in-buergerhand.de/recht/oepp_spd-bundestagsfraktion.pdf

[8] Vgl. Kirsch (1996), S. 15

Oberbegriff für verschieden Formen der Zusammenarbeit zwischen öffentlichen Körperschaften, zumeist handelte es sich dabei um Gemeinden oder Städte auf der einen Seite, sowie einem privatwirtschaftlich organisierten Akteur auf der anderen Seite.[9] Public Private Partnerships sind in ihrem ursprünglichen Sinn- und Verwendungszusammenhang städtebauliche Investitionsvorhaben, die gemeinsam von öffentlichen und privaten Akteuren initiiert und/oder durchgeführt werden.[10] Bei Kooperationen oder Partnerschaften geht es im Allgemeinen um eine inhaltlich begrenzte, temporär befristete oder auch langfristige Zusammenarbeit von zwei Partnern, die ein gemeinsames Ziel verfolgen, indem sie ihre Leistungen entweder verbessern, innovieren oder die bestehenden Leistungen konkurrenzfähiger anbieten. Auch bei PPP handelt es sich folglich um eine Kooperation mit dem Hintergrund, dass beide Partner durch ihr gemeinsames Wirken an einer Aufgabe Synergieeffekte freisetzen, sodass am Ende des Prozesses eine klassische „Win-Win-Situation" für beide Partner entsteht.[11] In einem Wegweiser der SPD-Bundestagsfraktion aus dem Jahr 2004 wird PPP bzw. ÖPP als Teil einer generellen Entwicklung in der öffentlichen Verwaltung bezeichnet, die in der Privatwirtschaft schon lange erfolgreich ist, nämlich die Konzentration auf die Kernaufgabe. Die vom Privaten zu erbringenden Leistungen werden in Umfang und Qualität alleine von der Kommune festgelegt, während die Umsetzung dem privaten Partner obliegt, was letztlich zu einer Effizienzsteigerung führen soll.[12] Auch nach *Kirsch* handelt es bei der Planung und Realisierung städtebaulicher Projekte um Kooperationsstrategien, welche vonseiten der Politik, Verwaltung, Developer (Projektentwickler), Investoren und Kapitalgeber verfolgt werden. Während es der öffentlichen Hand an Kapital und dem notwendigen Know-how fehlt, ist der private Sektor auf der Suche nach Kapitalanlagemöglichkeiten und kann aufgrund seiner Erfahrungen in diesen Bereichen Projektabläufe optimieren sowie Planungs- und Genehmigungsverfahren beschleunigen.[13]

## 3. Geschichtliche Entstehung von PPP

Obwohl die Begrifflichkeit des Public Private Partnership zuerst in den Vereinigten Staaten von Amerika entstanden ist, handelt es sich ursprünglich bei dieser Form der

---

[9] Vgl. Böhm (1999), S. 15

[10] Vgl. Kirsch (1996), S. 1

[11] Vgl. Stember (2005), S. 9

[12] Vgl. SPD-Bundestagsfraktion S. 9, http://www.wasser-in-buergerhand.de/recht/oepp_spd-bundestagsfraktion.pdf

[13] Vgl. Kirsch (1996), S. 1

Zusammenarbeit um eine wesentlich ältere Art der Privatisierung, die in ihrer frühen Form auch schon in Deutschland zu erkennen war. Da in der gängigen PPP-Literatur die Privatisierung meist als Teilbereich von PPP diskutiert wird, ist es durchaus angebracht, dass man erste Privatisierungsmaßnahmen des Staates als Vorläufer des heutigen PPP deutet.[14] Bereits gegen Ende des 14. Jahrhunderts übernahm eine Privatperson, Franz von Taxis, im Herrschaftsbereich des Hauses Habsburg die Organisation des eigentlich staatlich organisierten Postdienstes. Auch in anderen Ländern gab es schon sehr früh private und öffentliche Zusammenschlüsse zwecks einer bestimmten Aufgabenerfüllung. In Paris wurde gegen Ende des 17. Jahrhunderts das erste zentrale Trinkwassersystem als staatliche Konzession errichtet, ebenso wie die erste öffentliche Eisenbahn Stockton-Darlington Anfang des 18. Jahrhunderts in Nordost-England, sowie der Suez-Kanal Mitte des 18. Jahrhunderts in Ägypten.[15] Die gegen Ende der Siebzigerjahre beziehungsweise Anfang der Achtzigerjahre entstandenen Verbindungen unter dem Aspekt der öffentlich-privaten Zusammenarbeit mit neuartigen Formen und Qualitäten gelten hingegen als die eigentlichen Vorläufer des PPP, in den USA setzte in dieser Zeit sogar ein regelrechter Boom ein.[16] Wie schon eingangs erwähnt, wird die Wortschöpfung „Public Private Partnership" Präsident Carter zugeschrieben. Damit wollte er am 28. März 1978 in einer Regierungserklärung einer breiten Bevölkerung sein Konzept einer marktwirtschaftlich gesteuerten Stadtentwicklungspolitik näherbringen. Seine Umschreibung vermittelte nach *Kirsch* die Idee von PPP als einem plausiblen, wünschbaren und zukunftsweisenden Konzept zur Lösung kommunaler Standortprobleme. Mit seinem neuen Förderprogramm für die Stadtentwicklung, dem „Urban Development Action Grant", was im Nachgang als das gelungenste Instrument der „New Urban Policy" interpretiert wurde, erregte PPP als neuartiges Instrument auch im Ausland Aufmerksamkeit und führte dort zur Konzeption ähnlicher Programme.[17] Auch unter Präsident Ronald Reagen wurde PPP als politisch-ideologisches Konzept weiterverfolgt, allerdings in einer abgeänderten und auf die Ziele seiner „New Privatism"-Kampagne ausgerichteten Form. Unter Reagen wurde Stadtentwicklungspolitik nicht mehr als nationale Aufgabe, sondern als eigenverantwortliche Aufgabe der Städte und Gemeinde verstanden.[18]

---

[14] Vgl. Kirsch (1996), S. 33
[15] Vgl. Reutzel et al. (2008), S. 16
[16] Vgl. Reutzel et al. (2008), S. 16
[17] Vgl. Kirsch (1996), S. 15 f.
[18] Vgl. Kirsch (1996), S. 17

Privatwirtschaftliche Investoren sollten aus eigener Initiative und ohne staatliche Anschubfinanzierung eigenverantwortlich Projekte entwickeln und realisieren. Die Verantwortung sollte dementsprechend vollständig in die Hände des privaten Unternehmertums gelegt werden.[19] Neben den USA begann der Privatisierungsprozess auch in Ländern wie den Niederlanden und den skandinavischen Ländern eine Vorreiterrolle zu übernehmen.[20] Insbesondere in Großbritannien unter der damaligen Regierung von Margaret Thatcher wurde in den Achtzigerjahren eine ähnliche Politik betrieben. Thatcher verfolgte jedoch, anders als ihre Kollegen in den USA, eine zentralisierte Stadtentwicklungspolitik, was schließlich in einem eigenen britischen PPP-Ansatz mündete, den „Urban Development Corporations (UDCs)".[21] Anfang der Neunzigerjahre konnte sich PPP in Großbritannien unter der damaligen New Labour Regierung mit Tony Blair schließlich durch eine Erweiterung der Einsatzgebiete sogar als die von den staatlichen Behörden bevorzugte Variante zur Erbringung öffentlicher Leistungen etablieren.[22] In Deutschland hingegen ist PPP in den frühen Achtzigerjahren nur in sehr groben Zügen aufgetreten. Unter dem damaligen Bundeskanzler Helmut Kohl (CDU) taucht der PPP-Gedanke nicht in der politischen Agenda auf, sondern lediglich in verschiedenen Äußerungen, welche eine liberal-konservative Trendwende im deutschen Politikverständnis widerspiegeln.[23] *Gerstlberger et al.* spricht dabei von den sogenannten drei Wellen von PPP in deutschen Kommunen.[24] Die erste deutsche PPP-Welle entstand gegen Ende der Achtzigerjahre und war dadurch gekennzeichnet, dass sie den Spagat zwischen haushaltsorientierten und politisch motivierten sowie standortbezogenen Zielen erprobte, indem neue und zumeist städtebauliche Projekte für die Aufwertung kommunaler Standorte bei möglichst geringer Inanspruchnahme kommunaler Haushalte verwirklicht werden sollten.[25] Mit der Wiedervereinigung und der damit einhergehenden Privatisierungswelle der Deutschen Demokratischen Republik (DDR) entstand die zweite PPP-Welle in Deutschland. Aufgrund der Nachholbedarfe in dem Bereich der Infrastrukturentwicklung in den neuen Bundesländern wurden insbesondere dort in den Aufgabenfeldern Städtebau, Ver- und Entsorgung,

---

[19] ebenda

[20] Vgl. Gerstlberger et al. (2004), S. 23

[21] Vgl. Kirsch (1996), S. 17

[22] Vgl. Wolff (2014), S. 1

[23] Vgl. Kirsch (1996), S. 18

[24] Vgl. Gerstlberger et al. (2004), S. 13

[25] ebenda

Straßenbau, ÖPNV, Wirtschafts- und Technologieförderung sowie Tourismusmanagement die ersten differenzierten PPP-Erfahrungen gesammelt. Die dritte PPP-Welle ist schließlich aufgrund der ökonomisch orientierten Deregulierungs- und Liberalisierungsbestrebungen Mitte der Neunzigerjahre einzuordnen. Diese Bestrebungen waren insbesondere in den alten Bundesländern zu erkennen, die sich durch schiefe Haushaltslagen gezwungen sahen, verschiedene Teilaspekte der öffentlichen Versorgung durch Umwandlung in Eigenbetriebe auszugliedern. Insbesondere betraf dies die Energie-, Wasser-, Abfall- und Transportdienstleistungen, die in einem neu entstehenden Markt- und Betriebsumfeld positioniert wurden.[26]

Im September 2005 wurde schließlich das *Gesetz zur Beschleunigung der Umsetzung von Öffentlich Privaten Partnerschaften und zur Verbesserung gesetzlicher Rahmenbedingungen der Öffentlich Privaten Partnerschaften* (ÖPP-BeschlG) verabschiedet. Mit diesem Gesetz schuf der Gesetzgeber die entsprechende Grundlage für eine schnellere Umsetzung von ÖPP-Projekten innerhalb der Bundesrepublik Deutschland. Die damalige Bundesregierung unter Kanzler Gerhard Schröder (SPD) strebte an, dass mindestens 15 Prozent aller öffentlichen Investitionen als PPP bzw. ÖPP realisiert werden, und gründete schließlich zur Verwirklichung dieser Ambitionen im Jahr 2008 die ÖPP Deutschland AG, welche seitdem die öffentliche Hand bei der Umsetzung von PPP-Projekten berät und unterstützt.[27] In Deutschland wurden mittlerweile bereits über 100 ÖPP-Projekte mit einer projektbezogenen, vertraglich präzise festgelegten Kooperation von öffentlichen und privaten Partnern in den verschiedenen Infrastrukturbereichen durchgeführt, insbesondere im Hochbau.[28]

## 4. Formen von PPP-Modellen

Auch wenn eine eindeutige Definition von PPP bzw. ÖPP selbst im ÖPP-BeschlG nicht gegeben ist, so gilt es trotzdem festzuhalten, dass es sich, anders als bei einer Privatisierung, um eine kooperative Zusammenarbeit zwischen privatwirtschaftlichen Unternehmen und öffentlicher Hand in Form einer vertraglichen Vereinbarung handelt. Diese Form der funktionalen oder auch funktionellen Privatisierung unterscheidet sich hinsichtlich der materiellen Privatisierung dahin gehend, dass die öffentliche Hand eine

---

[26] ebenda

[27] Vgl. Wolff (2014), S. 9

[28] Vgl. Begründung zum Vortrag des Magistrats, M 46/10, S. 3, online abrufbar unter PARLIS

ihr untergeordnete Aufgabe nur teilweise an ein privates Unternehmen abtritt. Nach *Hiller* verbleibt folglich die Verantwortung für die öffentliche Aufgabe nicht allein beim Staat, er gibt sie jedoch auch nicht vollständig an die Privaten ab. Die der öffentlichen Hand aufgrund gesetzlicher Bestimmungen auferlegte hoheitliche Erfüllungsverantwortung obliegt ihr hingegen, es bleibt weiterhin bei der öffentlichen Aufgabenzuständigkeit.[29] Diese vertraglichen Vereinbarungen zwischen privatwirtschaftlichem Unternehmen und öffentlicher Hand können ferner in den unterschiedlichsten Formen ausgestaltet sein, weshalb eine Abgrenzung bzw. Zuordnung nicht immer eindeutig möglich ist. Die Europäische Kommission unterteilt die formellen Öffentlichen-Privaten-Partnerschaften in zwei Kategorien, in ÖPP auf Vertragsbasis und ÖPP in Form von gemischtwirtschaftlichen Unternehmen, welche auch als institutionalisierte Public Private Partnerships bezeichnet werden.[30] Während bei ÖPP bzw. PPP auf Vertragsbasis die Kooperation zwischen öffentlicher Hand und privatwirtschaftlichen Unternehmen vertraglich festgehalten wird, also auf einer austauschvertraglichen Beziehung zwischen den Beteiligten beruht, bedarf es bei institutionellen PPP grundsätzliche einer Unternehmensneugründung, welche durch die Einbringung von Kapital vonseiten der öffentlichen Hand wie auch des privatwirtschaftlichen Unternehmens gespeist wird.[31] Nach *Hiller* handelt es sich dabei um ein speziell für die öffentliche Aufgabenerbringung geschaffenes Wirtschaftsgebilde, welches die öffentliche Leistung direkt gegenüber dem Endnutzer erbringt und für diese Leistungserbringung mit all seinen verbundenen Folgen unmittelbar und alleine verantwortlich ist.[32] *Reutzel et al.* unterscheiden beide PPP-Kategorien dahin gehend, dass institutionalisierte PPP vor allem im Bereich der Wasser- und Energieversorgung, Abfallbeseitigung, bei öffentlichen Reinigungsaufgaben sowie dem öffentlichen Personennahverkehr vorkommen, ÖPP bzw. PPP auf Vertragsbasis hingegen insbesondere im Bereich von Hochbaumaßnahmen, Straßenerneuerungen, Tunnelbauten sowie im Krankenhausbereich und ähnlichen Projekten vorzufinden ist.[33]

---

[29] Vgl. Hiller (2014), S. 31

[30] Vgl. Hiller (2014), S. 35

[31] Vgl. Chamakou (2011), S. 72 f.

[32] Vgl. Hiller (2014), S. 36

[33] Vgl. Reutzel et al. (2008), S. 17

Da sich die vorliegende Hausarbeit mit einem PPP-Vertragsmodell beschäftigt, wird an dieser Stelle nicht weiter auf die institutionalisierte PPP-Form eingegangen. Im Folgenden werden deshalb knapp einige maßgeblichen PPP-Modelle auf Vertragsbasis aufgelistet und kurz erläutert.

## 4.1   Erwerbermodell (E-Modell)

Bei dem PPP-Erwerbermodell übernimmt ein privatwirtschaftlicher Unternehmer als Auftragnehmer vonseiten der öffentlichen Hand Planung, Bau, Finanzierung und Betrieb einer sich auf seinem Grundstück befindlichen Immobilie, die nach ihrer Fertigstellung durch die öffentlichen Hand (beispielsweise als Schule oder Kita) genutzt wird. Die Finanzierung besteht aus einer regelmäßigen Entgeltzahlung der öffentlichen Hand an den privaten Investor. Des Weiteren wird vertraglich vereinbart, dass das Eigentum an Grundstück und Gebäude zum Vertragsende an den Auftraggeber übergeht. Die Komponenten für Planung, Bau, Betrieb, Finanzierung und Erwerb von Grundstück mitsamt der Immobilie sowie mögliche Zuschläge für den betriebswirtschaftlichen Gewinn als auch die Risikoübertragung werden bei Vertragsabschluss festgelegt.[34]

## 4.2   Konzessionsmodell (K-Modell)

Bei dem PPP-Konzessionsmodell verpflichtet sich der private Auftragnehmer vertraglich zu Planung, Bau und Betrieb eines Gebäudes oder einer Straße (Baukonzession) und damit einhergehend auch zu bestimmten Dienstleitungen gegenüber den jeweiligen Nutzern (Dienstleistungskonzession). Die Finanzierung baut auf unmittelbaren Nutzerentgelten (beispielsweise Maut, Gebühren oder Eintrittsgelder) auf.[35] Nach *Hiller* kann dieser monetäre Zahlungsanspruch gegenüber den jeweiligen Nutzern auch durch die Zuzahlung eines Entgeltes vonseiten der öffentlichen Hand ergänzt werden. Durch das übertragende Nutzungsrecht an den Privaten gilt dieser als unmittelbarer Leistungserbringer und die öffentliche Hand wird damit insoweit aus ihrer Verantwortung zur Leistungserbringung entlassen.[36]

---

[34] Vgl. PPP Task Force im BMVBS, PPP - Modelle - kurz, online unter: https://www.ppp-projektdatenbank.de/fileadmin/user_upload/Downloads/OEPP-Vertragsmodelle.pdf
[35] ebenda
[36] Vgl. Hiller (2014), S. 45

## 4.3    Betreibermodell (A-Modell)

Bei dem Betreibermodell handelt es sich um ein eine vertragliche Vereinbarung zwischen öffentlicher Hand und privatwirtschaftlichem Unternehmen mit dem Ziel, dass die öffentliche Hand den privaten Betreiber mit dem Bau, der Planung und der Finanzierung einer Anlage beauftragt.[37] Nach *Hiller* zeichnet sich das PPP-Betreibermodell dadurch aus, dass der private Partner bestimmte Sekundärleistungen oder sogar öffentliche Primärleistungen für die öffentliche Hand erbringt und dafür eine regelmäßige Vergütungszahlung erhält, ohne dass er den privaten Nutzern der öffentlichen Leistungen unmittelbar als (Mit-)Dienstleister in Erscheinung tritt. Dabei ist der private Investor allein gegenüber der öffentlichen Hand zur ordnungsgemäßen Erbringung der ihm übertragenen Aufgabe und Leistung verpflichtet, während die Aufgabenverantwortung für die öffentliche Leistung gegenüber dem Endnutzer weiterhin der öffentlichen Hand obliegt. Anders als bei dem Konzessionsmodell wird der private Unternehmer für die erbrachte Leistung durch die Gemeinde vergütet.[38] Das Betreibermodell (A-Modell) wird insbesondere im Verkehrsbereich und dort im Bundesfernstraßenbereich angewendet. Dabei übernimmt ein privater Partner den Ausbau von Autobahnabschnitten und deren bauliche und betriebliche Erhaltung sowie die anteilige Finanzierung zumeist über einen Zeitraum von in der Regel 30 Jahren. Die Aufgabenverantwortung und der jeweilige Streckenabschnitt gehen nach Ablauf der Vertragslaufzeit in einem vorher festgelegten Zustand wieder an Bund und Land über.[39]

## 4.4    Modell *Projekt ÖPP-Ingenieurbauwerke Frankfurt am Main*

Eine exakte Abgrenzung der einzelnen PPP-Modelle beziehungsweise ÖPP-Modelle ist nicht immer einfach, da diese teilweise auch in gemischter Form Anwendung finden. Auch bei dem *Projekt ÖPP-Ingenieurbauwerke Frankfurt am Main* ist dies ebenfalls nicht eindeutig klar zu definieren, weshalb im Folgenden kurz auf die genannten Eigenschaften des Projektes eingegangen wird. Nach *Begründung zum Magistratsvortrag M 46* soll der Erhaltungsstau bei bestimmten Bauwerken innerhalb von fünf Jahren durch einen privaten Partner beseitigt werden.[40] Die Verpflichtung zur Bauwerkserhaltung sowie zum Betrieb der Bauwerke beträgt einen Zeitraum von 30

---

[37] Vgl. Hoffer et al. (2007), S. 5

[38] Vgl. Hiller (2014), S. 44

[39] Vgl. http://www.vifg.eu/de/projekte/a-modell/index.php

[40] Vgl. Begründung zum Vortrag des Magistrats, M 46/10, S. 8, online abrufbar unter PARLIS

Jahren. Eine Eigentumsübertragung wird nicht erfolgen und die Stadt Frankfurt am Main bleibt uneingeschränkter Baulastträger. Zur Übertragung der Risiken hat der private Partner die Finanzierung der notwendigen Investitionen zu stellen. [41] Der private Partner erhält vonseiten der Stadt Frankfurt am Main ein sogenanntes Verfügbarkeitsentgelt, das sich grundsätzlich leistungsorientiert und nach dem Zustand der Ingenieurbauwerke sowie der Verfügbarkeit der Verkehrsfläche richtet. [42] Unter Betrachtung der vorangegangenen Aspekte könnte es sich bei dem *Projekt ÖPP-Ingenieurbauwerke Frankfurt am Main* um ein Modell ähnlich dem sogenannten Betreibermodell (A-Modell) gehandelt haben.

## 5.1 Entstehungsgeschichte
### *Projekt ÖPP-Ingenieurbauwerke Frankfurt am Main*

Mit dem Magistratsvortrag M 46 vom 19.03.2010 gab der Magistrat der Stadt Frankfurt am Main eine Vorlage in den parlamentarischen Geschäftsgang, welche sich ihrem Betreff nach mit „Sanierung, Ersatzneubau, Neubau, bauliche und betriebliche Erhaltung inklusive der erforderlichen Planungsleistungen und Finanzierung von Ingenieurbauwerken des Straßenverkehrs als Öffentlich-Private-Partnerschaft" beschäftigte. [43] Dass der Magistratsvortrag in den parlamentarischen Geschäftsgang ging, hatte mehrere Gründe. Primär ging es inhaltlich um die reale bauliche Situation innerhalb des Frankfurter Stadtgebietes, insbesondere von Brückenbauwerken. Der *Begründung des Magistratsvortrages M 46* ist zu entnehmen, dass die Stadt Frankfurt zum damaligen Zeitpunkt rund 340 Brücken mit einer Gesamtfläche von circa 185.000 m² sowie 230 weitere Ingenieurbauwerke wie Straßentunnel, Unterführungen, Stützmauern, Lärmschutzwände und Schilderbrücken unterhielt. Der Zustand der Bauwerke, insbesondere des Brückenbestandes, macht in den nächsten Jahren erhebliche Investitionen erforderlich, damit einem weiteren Substanzverlust und damit einem einhergehenden Werteverlust entgegengewirkt werden könne sowie eine funktionierende Verkehrsinfrastruktur für die Daseinsvorsorge und die wirtschaftliche Leistungsfähigkeit des Wirtschaftsstandortes Frankfurt am Main gewährleistet sei. [44] Ebenfalls ist der *Begründung des Magistratsvortrages M 46* zu entnehmen, dass den zur Aufrechterhaltung des Verkehrs und zur Beseitigung von Schäden notwendigen

---

[41] Vgl. Begründung zum Vortrag des Magistrats, M 46/10, S. 9 f., online abrufbar unter PARLIS

[42] Vgl. Begründung zum Vortrag des Magistrats, M 46/10, S. 11, online abrufbar unter PARLIS

[43] Vgl. Vortrag des Magistrats, M 46/10, online abrufbar unter PARLIS

[44] Vgl. Begründung zum Vortrag des Magistrats, M 46/10, S. 1 f.

Investitionen eine Kostenschätzung mit Preisstand aus dem Jahr 2011 von circa 95 Millionen Euro brutto zugrunde liegt.[45] Sofern die Investitionen nicht zeitnah getätigt werden, so der Magistratsvortrag weiter, sei mit steigenden Kosten für die notwendigen Maßnahmen, weiteren Folgeschäden und mit erheblichen Verkehrseinschränkungen bis zu Brückensperrungen zu rechnen.[46] Sekundär, aber nicht weniger wichtig, war die haushaltspolitische und wirtschaftliche Situation der Stadt Frankfurt am Main. Zum Zeitpunkt der Einbringung des Magistratsvortrages M 46 war die Weltwirtschaftskrise in vollem Gang. Es war zu diesem Zeitpunkt nicht ersichtlich, ob und wie lange sich deren Folgen auch auf den Haushalt der Stadt Frankfurt sowie damit einhergehend mit der wirtschaftlichen Situation vieler in Frankfurt am Main ansässiger Firmen und Banken auswirken würde. Anzumerken ist an dieser Stelle, dass im Jahr 2011 die Kommunalwahl anstand, weshalb im Jahr 2009 ein Doppelhaushalt für die Jahre 2010/2011 auf den Weg gebracht wurde. Eine Investition in dieser Größenordnung hätte es notwendig gemacht, dass gut ein Jahr vor der Kommunalwahl 2011 ein Nachtragshaushalt auf den Weg hätte gebracht werden müssen. Die These, dass aus politischem Kalkül ein ÖPP-Projekt für diese enormen Investitionsmaßnahmen vonseiten der Regierungskoalition aus CDU und GRÜNEN bevorzugt wurde, ist folglich an dieser Stelle nicht von der Hand zu weisen.

## 5.2   Verfahrensrechtlicher Ablauf

### Projekt ÖPP-Ingenieurbauwerke Frankfurt am Main

In Vorbereitung des Vortrages des Magistrats, M 46, beauftragten der sich noch heute im Amt befindliche Stadtkämmerer Uwe Becker (CDU) sowie der damalige und mittlerweile verstorbene Verkehrsdezernent Lutz Sikorski (GRÜNE) eine externe Beratungsgesellschaft, namentlich AlfenConsult, zur Erstellung einer vorläufigen Wirtschaftlichkeitsrechnung für die Vergabe des *ÖPP-Projektes Ingenieurbauwerke der Stadt Frankfurt am Main nach dem Verfügbarkeitsmodell.* Diese externe Beratungsgesellschaft sollte in einer Arbeitsgruppe gemeinsam mit städtischen Mitarbeitern die aktuelle Gesamtsituation untersuchen und eine Vorgehensweise entwickeln, die mit einem „sinnvollen, adäquaten Mitteleinsatz den Werterhalt und die optimale Verfügbarkeit der Ingenieurbauwerke sicherstellt".[47]

---

[45] Vgl. Begründung zum Vortrag des Magistrats, M 46/10, S. 12, online abrufbar unter PARLIS

[46] Vgl. Begründung zum Vortrag des Magistrats, M 46/10, S. 1 f., online abrufbar unter PARLIS

[47] ebenda

## 6.   Rechtliche Grundlage

### Bedarfsfeststellung und Finanzierbarkeit im Allgemeinen

Dass die Stadt Frankfurt am Main eine derartige Wirtschaftlichkeitsberechnung hat anfertigen lassen, liegt in der Natur der Sache, da gemäß § 7 Abs. 2 Satz 1 Bundeshaushaltsordnung (BHO) für alle finanzwirksamen Maßnahmen angemessene Wirtschaftlichkeitsuntersuchungen durchzuführen sind. Des Weiteren ist nach Satz 2 zu beachten, dass dabei auch die mit den Maßnahmen verbundene Risikoverteilung zu berücksichtigen ist. Zuletzt, und dies gilt insbesondere für die angestrebte Maßnahme, sofern das Projekt durch ÖPP bzw. PPP realisiert wird, gilt es Satz 3 hervorzuheben, der besagt, dass in geeigneten Fällen privaten Anbietern die Möglichkeit zu geben ist, darzulegen, ob und inwieweit sie staatliche Aufgaben oder öffentlichen Zwecken dienende wirtschaftliche Tätigkeiten nicht ebenso gut oder besser erbringen können (Interessenbekundungsverfahren).

Ferner ist in den Allgemeinen Verwaltungsvorschriften zur Bundeshaushaltsordnung (VV-BHO), VV Nr. 2 zu § 7 BHO, hinsichtlich der Wirtschaftlichkeitsuntersuchung festgelegt, dass diese keinen einstufigen Prozess darstellt, welcher nur zu einem bestimmten Zeitpunkt der PPP-Projekte durchgeführt wird, sondern dass die Wirtschaftlichkeitsuntersuchung den Prozess durch die ständige Zunahme von projektrelevanten Informationen fortlaufend begleitet. Nach *Reutzel et al.* sind Wirtschaftlichkeitskontrollen sowohl während der sogenannten Planungsphase, also bei der Planung und der Änderung laufender Maßnahmen, sowie während der eigentlichen Durchführung, was durch eine laufenden Maßnahmenbeobachtung und eine begleitende Erfolgskontrolle sichergestellt wird, vorzunehmen. Zuletzt ist dementsprechend auch eine sogenannte abschließende Erfolgskontrolle nach Beendigung der Maßnahme durchzuführen.[48]

Des Weiteren bedarf es gemäß § 12 Abs. 1 Gemeindehaushaltsverordnung Hessen (GemHVO Hessen) vor dem Beschluss von Investitionen von erheblicher finanzieller Bedeutung, dass unter mehreren in Betracht kommenden Möglichkeiten durch einen Wirtschaftlichkeitsvergleich, mindestens jedoch durch den Vergleich der Anschaffungs- oder Herstellungskosten und der Folgekosten, die für die Gemeinde wirtschaftlichste Lösung ermittelt wird.

---

[48] Vgl. Reutzel et al. (2008), S. 60

Zuletzt sind und waren natürlich auch für den vorliegenden Sachverhalt die allgemeinen Haushaltsgrundsätze der Hessischen Gemeindeordnung (HGO) zu beachten, welche die Stadt Frankfurt am Main gemäß § 92 Abs. 2 HGO zu einer sparsamen und wirtschaftlichen Haushaltsführung verpflichten. Zwar gelten diese Grundsätze ausdrücklich in Bezug auf die Haushaltsführung, jedoch werden diese Grundsätze aufgrund der voran genannten Aspekte aus BHO, GemHVO Hessen sowie VV zur BHO hinsichtlich einer Wirtschaftlichkeitsuntersuchung analog angewendet bzw. beachtet.

Weitere Vorgaben hinsichtlich Wirtschaftlichkeitsuntersuchungen sind in der BHO sowie GemHVO nicht geregelt.

## 7. Bedarfsfeststellung und Finanzierung der Maßnahme Projekt ÖPP-Ingenieurbauwerke Frankfurt am Main

### 7.1 Eignung der Maßnahme als ÖPP

Die Frage, ob sich eine Maßnahme als ÖPP-Projekt eignet, bedarf im Vorfeld einer genaueren Untersuchung. Nach *Reutzel et al.* sollte diese Eignungsuntersuchung im Vorfeld einer aufwendigen Wirtschaftlichkeitsrechnung erfolgen. Insbesondere die teilweise kostenintensiven Schritte der Wirtschaftlichkeitsuntersuchung stellen insoweit eine Notwendigkeit dar, dass vorab die grundsätzliche Eignung für eine Maßnahme hinsichtlich der Durchführung mittels PPP geprüft wird. *Reutzel et al.* führt in diesem Zusammenhang Kriterien auf, die für eine Eignungsprüfung herangezogen werden können.[49] Die Daten, die für das *Projekt ÖPP-Ingenieurbauwerke Frankfurt am Main* öffentlich zur Verfügung stehen, beginnen bei der schon erfolgten vorläufigen Wirtschaftlichkeitsberechnung (vWU). Anhand dieser Daten und unter Hinzuziehung der Kriterien für die Eignungsprüfung nach *Reutzel et al.* wird im Folgenden dargestellt, wie der Magistrat der Stadt Frankfurt am Main letztlich zu der Entscheidung kam, dass die anstehende Maßnahme mittels PPP verwirklicht werden sollte. Hinsichtlich der Eignung hat sich die Beratungsgesellschaft AlfenConsult an dem Leitfaden für Wirtschaftlichkeitsuntersuchungen bei PPP-Projekten orientiert und die verschiedenen Stufen der vWU in mehrere Phasen eingeteilt. Maßgeblich für die vorliegende Hausarbeit sind die Phasen I und II, da die Maßnahme *Projekt ÖPP-Ingenieurbauwerke Frankfurt am Main* niemals die sogenannte notwendige Etatreife

---

[49] Vgl. Reutzel et al. (2008), S. 61

erreichte. Am Ende von Phase I steht der ÖPP-Eignungstest, der zum Abschluss der ersten Phase der vWU die grundsätzliche Eignung des Projektes zur Realisierung als ÖPP untersucht.[50]

## 7.2  Leistungsumfang

Damit eine vernünftige Eignungsüberprüfung stattfinden kann, bedarf es grundsätzlich im Vorfeld weiterer Überprüfungskriterien und einer möglichst genauen Umschreibung der Leistungen, welche überhaupt durch den Auftraggeber vergeben werden sollen. Nach *Reutzel et al.* fallen darunter zumindest Planungs-, Bau-, Betreiber- und Finanzierungsleistungen sowie unter Umständen auch die Verwertung der Maßnahme an sich nach Vertragsablauf.[51] *Roschmann* spricht in diesem Zusammenhang sogar von einer Projektdefinition, welche bestimmte Aspekte zwangsläufig umfassen muss. Diese beinhaltet unter anderem eine Beschreibung der Projektziele, die grobe Darstellung der Strategie, des Inhalts und des Umfangs des Projekts sowie damit einhergehend eine Ermittlung von Ressourcen und des Zeitbedarfs.[52] Die vWU definiert diese Projektdefinition dahin gehend, dass die Gesamtkosten über den gesamten Lebenszyklus dargestellt werden sollen. Dabei werden sämtliche Kosten, die in einem direkten Zusammenhang mit dem Projekt stehen, berücksichtigt und erfasst. Volkswirtschaftliche Effekte sollen dabei zwar in der Regel nicht monetär erfasst werden, könnten aber im Rahmen einer Kosten-Nutzen-Analyse oder einer Nutzwertanalyse in die Abwägung für oder gegen eine Beschaffungsvariante einbezogen werden.[53] Mit dem Bericht zur vWU der externen Beratungsgesellschaft AlfenConsult ist der Voraussetzung Rechnung getragen worden, dass eine Eignungsüberprüfung stattgefunden hat. Diese Eignungsprüfung wurde damit im Vorfeld der eigentlichen Wirtschaftlichkeitsprüfung geleistet und ist in bzw. durch Phase I der vorläufigen Wirtschaftlichkeitsprüfung durchgeführt worden. Diesem Bericht zu der vWU ist zu entnehmen, dass die wesentlichen Voraussetzungen hinsichtlich der Eignung überprüft sowie als PPP-geeignet beschieden wurden. So wurden in Phase I der vorhandene Handlungs- bzw. Investitionsbedarf vonseiten der öffentlichen Hand als Maßnahmenträger ermittelt, die spezifischen Projektparameter

---

[50] Vgl. AlfenConsult (2010), S. 9, online abrufbar unter PARLIS

[51] Vgl. Reutzel et al. (2008), S. 61

[52] Vgl. Roschmann (2005), S. 50

[53] Vgl. AlfenConsult (2010), S. 11, online abrufbar unter PARLIS

und Projektziele definiert und darauf aufbauend eine Identifizierung und Skizzierung möglicher Realisierungskonzepte sowie deren Rahmenbedingungen vorgenommen.[54]

## 7.3 Risikoverteilung

Gemäß § 7 Abs. 2 Satz 2 BHO ist bei sämtlichen finanzpolitischen Maßnahmen auch eine damit einhergehende Risikoverteilung zu berücksichtigen. Dementsprechend sind mögliche Risiken eines Projektes aufzuzeigen und einzuschätzen. Nach *Reutzel et al.* sollte derjenige Vertragspartner das Risiko tragen, das er selbst am besten kontrollieren kann. Des Weiteren ist im Anschluss die Überlegung anzustellen, ob diese Risiken nicht doch durch den privaten Investor effizienter bewältigt werden können. *Reutzel et al.* denkt in diesem Zusammenhang in Kategorien und listet diese in Risiken auf, die bei der öffentlichen Hand verbleiben; die auf den privaten Partner übertagen werden; die im Rahmen einer Risikoverteilung von beiden Partnern getragen werden können sowie Risiken, die noch nicht klar definierbar sind bzw. die ggf. erst bei der Realisierung des Projektes in späteren Verhandlungen aufgeteilt werden müssen.[55] *AlfenConsult* spricht bei Risiken davon, dass die Identifizierung, die angemessene Bewertung und Verteilung der Risiken sowohl für die Wirtschaftlichkeitsuntersuchung, als auch für die nachhaltige wirtschaftliche und steuerbare Umsetzung eines Projektes bis zum Ende der Projektlaufzeit eine wesentliche Rolle spielt.[56] In diesem Zusammenhang ist dem Bericht zur vWU zu entnehmen, dass Risiken identifiziert und aus Sicht des Maßnahmeträgers bewertete Risiken hinsichtlich ihrer Übertragbarkeit auf einen privaten Partner untersucht werden sollen. Laut *AlfenConsult* ist dabei dem Grundsatz Rechnung zu tragen, dass derjenige ein Risiko tragen sollte, der es am besten, also am kostengünstigsten, beherrschen kann, sodass im Fall des Eintretens des benannten Risikos das Projekt nicht daran scheitert und die geringsten Kosten durch dieses Risiko verursacht werden.[57]

## 7.4 Leistungsbeschreibung

Nach *Reutzel et al.* werden die zu erbringenden Leistungen funktional und ergebnisorientiert beschrieben, ohne dass Art und Umfang in allen Einzelheiten dargestellt werden. Dieser Ansatz unterscheidet sich hinsichtlich einer konventionellen

---

[54] Vgl. AlfenConsult (2010), S. 9, online abrufbar unter PARLIS
[55] Vgl. Reutzel et al. (2008), S. 61
[56] Vgl. AlfenConsult (2010), S. 16, online abrufbar unter PARLIS
[57] ebenda

Methode, da er schon ein sehr genaues und austariertes Ergebnis zu präsentieren versucht. Dass Einzelheiten bei der Umsetzung noch offen bleiben, soll, so *Reutzel et al.*, den privaten Unternehmern Entwicklungsmöglichkeiten eröffnen, damit diese eigene Lösungsmöglichkeiten und damit einhergehend ein erhebliches Einsparpotential entwickeln können.[58] Bei dem Volumen des Projektes ist es nichtsdestotrotz unumgänglich, dass sämtliche Bau-, Betriebs-, Finanzierungs- und Risikokosten sowie sonstige Kosten dargestellt werden.[59] Der vWU von *AlfenConsult* ist zu entnehmen, dass angedacht war, die Leistungen des privaten Partners ergebnisorientiert auszuschreiben (sog. Output-Spezifikationen), sowie dass über die Vertragslaufzeit Leistungsstandards (sog. Service Level Agreements) sowohl für die Entwicklung der Bausubstanz und der Gebrauchseigenschaften als auch für die Verfügbarkeit und den Betriebsdienst festgelegt werden. In diesem Zusammenhang ist ferner der Grundsatz zu beachten, dass die Bauwerke durch den privaten Partner derart zu unterhalten sind, dass Einschränkungen für den Verkehr auf ein Minimum reduziert werden, sowie dass der private Unternehmer jederzeit die Standsicherheit, Dauerhaftigkeit und Verkehrssicherheit der Bauwerke gewährleistet und damit einhergehend selbstständig zur Planung und Durchführung notwendiger Schadensbehebungen verpflichtet ist.[60] Der Anforderung nach einer möglichst genauen Leistungsbeschreibung gerecht werdend, wurden die funktionalen Leistungsbeschreibungen, welche an den privaten Partner übertragen werden sollen, separat aufgelistet und in einzelne Teilleistungen gegliedert. Diese Teilleistungen umfassen die Bereiche Neubau, Ersatzneubau bzw. grundhafte Erneuerung, bauliche Erhaltung sowie betriebliche Unterhaltung, Planung und Dokumentation.[61]

## 7.5 Portfolio und Projektvolumen

Wie schon unter Ziffer 7.4 erwähnt, umfasst das Projektvolumen nach *Reutzel et al.* sämtliche Bau-, Finanzierungs-, Betriebs- und Risikokosten sowie sonstige Kosten.[62] Damit diese Kosten jedoch übersichtlich dargestellt werden können, bedarf es neben der Leistungsbeschreibung auch eines Portfolios der Baumaßnahmen und damit verbundenen Kosten sowie einer Gegenüberstellung der Kosten bei einer konventionellen Durchführung der Maßnahme sowie einer Durchführung im Rahmen

---

[58] Vgl. Reutzel et al. (2008), S. 61

[59] ebenda

[60] Vgl. AlfenConsult (2010), S. 21 f., online abrufbar unter PARLIS

[61] ebenda

[62] vgl. Reutzel et al. (2008), S. 61

eines PPP-Projekts. *AlfenConsult* hat diesen Anforderungen in seinem Bericht zur vWU Rechnung getragen und nach eigenen Angaben in Zusammenarbeit mit der Arbeitsgruppe der Stadt Frankfurt am Main für Homogenität in dem Portfolio gesorgt, damit auch die Realisierung des Projektes gewährleistet ist und dieses nicht an einem unausgewogenen Portfolio scheitert.[63] Im Folgenden wird übersichtlich und knapp das Portfolio mitsamt Kostenschätzungen für das *Projekt ÖPP-Ingenieurbauwerke Frankfurt am Main* aufgeführt. Das Portfolio umfasste 170 unterschiedliche Bauwerke mit einem Investitionsbedarf in Höhe von circa 135 Millionen Euro (brutto, geschätzter Preisstand 2011 und ohne Risikokosten) für die ersten fünf Jahre des Projektes. Des Weiteren kamen Planungs-, Management- und Finanzierungskosten hinzu, welche der Höhe nach von den baulichen und betrieblichen Kosten (Art und Anzahl der Maßnahmen) abhängig sein sollten. Nach den Schätzungen von *AlfenConsult* hätten diese circa 19 Millionen Euro betragen.[64] Darüber hinaus wurden für die dauerhafte Sicherstellung der Nutzbarkeit sowie eines anforderungsgemäßen Zustandes der Ingenieurbauwerke des Portfolios jährlich im Durchschnitt 16,7 Millionen Euro (ebenso geschätzter Preisstand 2011; inklusive der baulichen und betrieblichen Unterhaltung) veranschlagt. Im Gesamten hatte das *Projekt ÖPP-Ingenieurbauwerke Frankfurt am Main* unter Berücksichtigung aller über den Projektzeitraum anfallenden Kosten sowie den Nebenkosten (Planungs- und Managementleistungen) ein Investitionsvolumen von knapp 500 Millionen Euro (brutto, geschätzter Preisstand 2011), was einem Barwert von circa 303 Millionen Euro entsprach und mit einer Gesamtlaufzeit von 30 Jahren geplant war.[65] In einer Gegenüberstellung der Gesamtkosten hinsichtlich einer konventionellen Realisierung und einer ÖPP-Realisierung ergab sich ein voraussichtlicher Kostenvorteil von circa 8,4 Prozent bei einer ÖPP-Realisierung.[66]

## 8.    Weiterer Verlauf des *Projekts ÖPP-Ingenieurbauwerke Frankfurt am Main*

Auf der Basis der vWU des Beratungsunternehmens *AlfenConsult* wurde der Vortrag des Magistrats an die Stadtverordnetenversammlung vom 19.03.2010, M 46, mitsamt Anhang (Begründung sowie vWU) erstellt. Dieser Vortrag ging mit Datum vom 22.03.2010 bei dem Büro der Stadtverordnetenversammlung der Stadt Frankfurt am

---

[63] Vgl. AlfenConsult (2010), S. 17, online abrufbar unter PARLIS

[64] Vgl. AlfenConsult (2010), S. 27, online abrufbar unter PARLIS

[65] Vgl. Begründung zur M 46/10, S. 12, online abrufbar unter PARLIS

[66] Vgl. Begründung zur M 46/10, S. 13, online abrufbar unter PARLIS

Main ein und war damit in den Geschäftsgang eingespeist. Aufgrund der Vielzahl der Brückenbauwerke und der damit einhergehenden Betroffenheit sämtlicher 16 Ortsbeiräte der Stadt Frankfurt am Main, wurde die Vorlage zur Anhörung gemäß § 82 Abs. 3 Hessische Gemeindeordnung (HGO) in Verbindung mit § 3 Abs. 4 Satz 1 Geschäftsordnung der Ortsbeiräte (GOOB) an alle Ortsbeiräte überwiesen. Zusätzlich zu dem gesetzlichen Anhörungsrecht der Ortsbeiräte nahmen ferner auch die zuständigen Dezernenten an den Ortsbeiratssitzung teil und erläuterten vor Ort die Gründe für den Magistratsvortrag M 46 und warben damit offen für eine Zustimmung des jeweiligen Stadtteilgremiums. Von den 16 Ortsbeiräten stimmten schließlich elf Ortsbeiräte zu (teilweise mit Zusatz- bzw. Veränderungsanträgen). Fünf Ortsbeiräte lehnten den Magistratsvortrag M 46 komplett ab. Im weiteren Verlauf wurde der Magistratsvortrag im zuständigen Ausschuss für Planung, Bau und Wohnungsbau auf den Verkehrsausschuss delegiert. Der Verkehrsausschuss traf jedoch keinen Beschluss, sondern delegierte den Vortrag auf den Haupt- und Finanzausschuss, welcher dem Vortrag des Magistrats mitsamt einigen Änderungsanträgen am 29.06.2010 mit den Stimmen von CDU, GRÜNEN und FDP mehrheitlich zustimmte. Die Stadtverordnetenversammlung stimmte dem Magistratsvortrag am 01.07.2010 durch eine namentliche Abstimmung ebenfalls mehrheitlich zu. Von den stimmberechtigten 93 Stadtverordneten stimmten 51 Stadtverordnete für den Vortrag, 30 Stadtverordnete dagegen und 12 Stadtverordnete waren während der Abstimmung nicht anwesend. Mit Beschlussausfertigung § 8335 zur Vorlage M 46 ging der Vorgang mit den Änderungsanträgen in den weiteren Geschäftsgang. Doch das Projekte scheiterte.

Mit Beschluss § 1856 vom 28.06.2012 wurde die Ausschreibung des Projektes *Öffentlich-Private-Partnerschaft - Ingenieurbauwerke der Stadt Frankfurt am Main (ÖPP)* aufgehoben und gleichzeitig der Magistrat beauftragt, schnellstmöglich ein Konzept zur konventionellen Sanierung der Ingenieurbauwerke, die im Portfolio des bisherigen ÖPP-Projekts enthalten sind, zu erstellen.[67] Im Jahr 2015 verabschiedete die Stadtverordnetenversammlung der Stadt Frankfurt am Main mit Beschluss § 6148 zur Vorlage M 61 den Vorgang *„Frankfurter Brücken - Einsparungen realisieren im Rahmen einer konventionellen Sanierungsmaßnahme"*, welcher endgültig eine Brückensanierung im konventionellen Rahmen festlegte.[68]

---

[67] Vgl. Beschlussausfertigung § 1856 zur Vorlage NR 323/2012, online abrufbar unter PARLIS

[68] Vgl. Beschlussausfertigung § 6148 zur Vorlage M 61/2015, online abrufbar unter PARLIS

## 9. Warum das Projekt scheiterte

Mit dem unter Ziffer 8 erwähnten Beschluss vom 28.06.2012, § 1856, wurde das Projekt Öffentlich-Private-Partnerschaft - Ingenieurbauwerke der Stadt Frankfurt am Main (ÖPP) aufgehoben. Grundsätzlich kann man davon ausgehen, dass ein Projekt in dieser Größenordnung immer und zu jedem Zeitpunkt scheitern kann. Roschmann schreibt dazu, dass der Aufwand für ein Public Private Partnership erheblich ist und man sowohl bei der Prüfung wie auch bei der Vorbereitung und schließlich bei der Durchführung jederzeit diesem Aufwand Rechnung tragen muss. Dieser Aufwand umfasst den organisatorischen, finanziellen und auch personellen Aspekt.[69] Insbesondere aus diesen Gründen soll eine Wirtschaftlichkeitsuntersuchung Klarheit schaffen, ob ein ÖPP-Projekt zu einem Erfolg werden kann oder nicht. Auch im Nachfolgenden ist ein durchgängiges Controlling von Nöten. Bei dem Projekt ÖPP-Ingenieurbauwerke Frankfurt am Main hat sich die Stadt Frankfurt am Main mit dem Beratungsunternehmen AlfenConsult einen professionellen Partner an seine Seite geholt, welcher in einem mehrseitigen Bericht eine vorläufige Wirtschaftlichkeitsuntersuchung erstellt hatte und darin zu dem Ergebnis kam, dass das Projekt ÖPP-Ingenieurbauwerke Frankfurt am Main circa 8,4 Prozent günstiger sei, als die Durchführung der Maßnahme im konventionellen Stil. Zu einem anderen Ergebnis kam hingegen das städtische Revisionsamt. In einem internen Bericht legte das städtische Revisionsamt Zahlen vor, die zeigten, dass die Kosten für eine konventionelle Realisierung künstlich hoch- und für die ÖPP-Variante künstlich heruntergerechnet wurden. Kernpunkt der Kritik des Revisionsamtes waren insbesondere die Controllingkosten, welche bei der konventionellen Maßnahme viermal so hoch angesetzt wurden, als es Vergleichskosten von anderen Projekten hätten erwarten lassen können. Ein weiterer Kritikpunkt des Revisionsamtes waren ferner die mit 20 Prozent sehr hoch angesetzte Effizienzgewinne des ÖPP-Projektes, welche lediglich durch schnelleres Bauen hätten erreicht werden sollen.[70]

Dass das Projekt letztlich scheiterte, hatte jedoch andere Gründe. Der Vortrag des Magistrats vom 01.11.2013, M 197, der sich eigentlich mit der Thematik der Aufwandsentschädigungen für das gestoppte Projekt beschäftigt, beinhaltet in seiner Begründung einen Satz, welcher das Scheitern knapp begründen soll. Danach hat die

---

[69] Vgl. Roschmann (2005), S. 49

[70] Vgl. Simantke, Elisa: Public-Private-Partnership - Frankfurts Blamage. In: Der Tagesspiegel, 14.01.2013, http://www.tagesspiegel.de/politik/public-private-partnership-frankfurts-blamage/7621730.html (abgerufen am 02.08.2016).

Stadtverordnetenversammlung der Stadt Frankfurt am Main mit Beschluss § 1856 vom 28.06.2012 die Ausschreibung des *Projektes ÖPP-Ingenieurbauwerke Frankfurt am Main* aufgrund der sich abzeichnenden deutlich verschärften Haushaltssituation aufgehoben.[71] Diese Begründung lieferte der Magistrat auch auf eine Frage der Opposition vom 08.11.2013, in dem er die *sich drastisch verschlechterte Haushaltslage* für die Einstellung des Verfahrens verantwortlich sah.[72] Im Frühjahr 2012 wurde jedoch ein anderer Grund für das Scheitern des Projekts angegeben. Dem Portfolio, welches 170 Ingenieurbauwerke umfasste, wurde nämlich ein wichtiger Baustein entnommen, der das gesamte Projekt unwirtschaftlich hat werden lassen. Der Straßenzug Rosa-Luxemburg-Straße mit einem Volumen von circa 50 Millionen Euro sollte aus dem Portfolio gestrichen werden, da die Brücke dieser Straße in der Stadtplanung 2030 nicht mehr enthalten ist. Die Brücke, welche zwei Stadtteile trennt, soll nach diesen Planungen abgerissen und die Straße ebenerdig verlegt werden.[73] Fraglich ist jedoch, weshalb das Projekt nicht früher daran scheiterte. In einer Frage der Opposition vom 19.08.2011, F 105, wird die Problematik Rosa-Luxemburg-Straße in Verbindung mit der sogenannten Stadtentwicklungsinitiative 2030 explizit angesprochen. Mit der benannten Stadtentwicklungsinitiative 2030 sei nämlich geplant, dass die Brücke abgerissen werden soll. Gleichzeitig sei die Brücke jedoch im ÖPP-Projekt mit einer Sanierung enthalten. Der Magistrat antworte darauf, dass man *„nur auf den ersten Blick vor diesem Hintergrund den Schluss ziehen könne, dass eine Sanierung der Brückenbauwerke im Verlauf der Rosa-Luxemburg-Straße im Rahmen eines ÖPP-Projektes nicht notwendig sei, sich dies bei genauerer Betrachtung jedoch als irrig erweise."*[74]

Wie auch immer man das Ergebnis zum Scheitern des Projektes *ÖPP-Ingenieurbauwerke Frankfurt am Main* deuten mag, sei an dieser Stelle festgehalten, dass sich das Projekt in seiner Gänze als unwirtschaftlicher als die konventionelle Methode erwiesen habe, weshalb es letztlich endgültig gestoppt wurde.

---

[71] Vgl. Vortrag des Magistrats vom 01.11.2013, M 197, online abrufbar unter PARLIS

[72] Vgl. Frage 1180 vom 08.11.2013, online abrufbar unter PARLIS

[73] Vgl. Simantke, Elisa: Public-Private-Partnership - Frankfurts Blamage. In: Der Tagesspiegel, 14.01.2013, http://www.tagesspiegel.de/politik/public-private-partnership-frankfurts-blamage/7621730.html (abgerufen am 02.08.2016).

[74] Vgl. Frage 105 vom 19.08.2011, online abrufbar unter PARLIS

# 10. Kosten und Folgekosten

Wie schon unter Ziffer 8. aufgeführt, wurde mit Beschluss § 1856 vom 28.06.2012 die Ausschreibung des *Projektes Öffentlich-Private-Partnerschaft - Ingenieurbauwerke der Stadt Frankfurt am Main (ÖPP)* aufgehoben und damit das Projekt beendet. Trotzdem waren bis zu diesem Zeitpunkt einige Kosten für die Stadt Frankfurt am Main entstanden. In einem Bericht des Magistrats an die Stadtverordnetenversammlung vom 19.07.2010, B 452, werden erste Kosten aufgeführt, die zu diesem Zeitpunkt, also während das Projekt noch aktuell war, schon angefallen bzw. absehbar waren. Diesem Bericht ist zu entnehmen, dass für die Vorbereitung des Projektes, einschließlich der Leistungen, die unabhängig von einer Entscheidung über eine konventionelle Beschaffung oder Realisierung als ÖPP notwendig waren, insgesamt circa 900.000 Euro angefallen sind. Die Kosten der Beratungsleistung durch AlfenConsult beliefen sich auf circa 200.000 Euro.[75] In einem späteren Bericht wird allerdings deutlich, dass für die Erstellung der vorläufigen Wirtschaftlichkeitsberechnung sowie der dazugehörigen Analyse der konventionellen sowie der ÖPP-Beschaffungsvariante lediglich ein Honorar in Höhe von 22.000 Euro anfiel. Des Weiteren ist in diesem späteren Bericht zu lesen, dass die wirtschaftliche Beratung durch die Firma AlfenConsult mit einem Honorar in Höhe von 535.000 Euro abgegolten wurde.[76]

Einem Bericht an die Stadtverordnetenversammlung vom 29.08.2011, B 331, ist zu entnehmen, dass die Beratungskosten für das Projekt bei insgesamt circa 1,37 Millionen Euro liegen, aufgeteilt in rund 680.000 Euro für die technische und wirtschaftliche Beratung sowie rund 690.000 Euro für die rechtliche Beratung.[77]

Nachdem das Projekt im Jahre 2012 scheiterte, berichteten mehrere Tageszeitungen von Kosten in Höhe von circa 2,2 Millionen Euro, die bis zu diesem Zeitpunkt dafür angefallen sind, sowie dass möglicherweise weitere Schadensersatzforderungen auf die Stadt Frankfurt am Main zukommen könnten.[78] Diese Zeitungsberichte führen schließlich zu einer Anfrage der Opposition, welche Magistrat mit dem Bericht an die Stadtverordnetenversammlung vom 14.09.2012, B 421, beantwortet. Diesem

---

[75] Vgl. Bericht des Magistrat vom 19.07.2010, B 452, online abrufbar unter PARLIS

[76] Vgl. Bericht des Magistrat vom 14.09.2012, B 421, online abrufbar unter PARLIS

[77] Vgl. Bericht des Magistrat vom 29.08.2011, B 331, online abrufbar unter PARLIS

[78] Vgl. Murr, Günter: 2,2 Mio. Euro in den Sand gesetzt. In: Frankfurter Neue Presse, 20.06.2012, http://www.fnp.de/lokales/frankfurt/2-2-Mio-Euro-in-den-Sand-gesetzt;art675,319086 (abgerufen am 03.08.2016).

Bericht ist zu entnehmen, dass sich die besagten 2,2 Millionen Euro aus Honorarleistungen für die juristische, wirtschaftliche, technische und sonstige Beratung (rund 2.081.000 Euro) sowie für die fachtechnische Untersuchung an den Bauwerken (rund 122.000 Euro) zusammensetzen.[79] Auf eine mündliche Nachfrage in einer Sitzung der Stadtverordnetenversammlung zu diesem Thema antwortet Stadtkämmerer Uwe Becker (CDU), dass es sich bei diesen 2,2 Millionen Euro *„nicht um Fehlinvestitionen handelt"*, sondern aufgrund der Tatsache, dass das Geld unter anderem auch für technische Untersuchungen an den Bauwerken verwendet wurde und diese Ergebnisse auch für künftige Instandhaltungsmaßnahmen verwendet werden können, um *„richtig und gut ausgegebenes Geld".*[80] Auch mit dem Bericht an die Stadtverordnetenversammlung vom 22.02.2013, B 94, unterstützt der Magistrat diese These, indem er auf die Komplexität des ÖPP-Projektes verweist und die damit verbundenen Kosten für *„nachvollziehbare Vorbereitungskosten"* hält.[81]

Mit Vortrag des Magistrats, M 197, bittet der Magistrat am 01.11.2013 die Stadtverordnetenversammlung um Beschlussfassung, damit er die Folgekosten aus einer bereits erfolgten und abgeschlossenen europaweiten Ausschreibung für das ÖPP-Projekt leisten kann. Darin enthalten sind finanzielle Leistungen an präqualifizierte Bieter, die ihre bis zu diesem Zeitpunkt entstandenen Kosten in Höhe von 6.119.070,34 Euro (brutto) geltend gemacht haben, weshalb sich der Magistrat mit ihnen auf einen Vergleich in Höhe von 2.713.200 Euro (brutto) geeinigt hat.[82]

Es bleibt abschließend festzuhalten, dass das gescheiterte *Projekt ÖPP-Ingenieurbauwerke Frankfurt am Main* die Stadt Frankfurt am Main knapp fünf Millionen Euro gekostet hat.

## 11.  Fazit

Auch wenn das *Projekt ÖPP-Ingenieurbauwerke Frankfurt am Main* gescheitert ist, kann man daraus nur teilweise folgern, ob sich ÖPP für die öffentliche Hand als sinnvoll erweisen kann oder nicht. Möglicherweise hätte man bei dem Projekt schon frühzeitig erkennen können, unter anderem bei der Erstellung des Brückenportfolios,

---

[79] Vgl. Bericht des Magistrat vom 14.09.2012, B 421, online abrufbar unter PARLIS

[80] Vgl. Antwort von Stadtkämmerer Becker zu den Fragen 488 und 518 in der 13. Sitzung der Stadtverordnetenversammlung am 28.06.2012., online abrufbar unter PARLIS

[81] Vgl. Bericht des Magistrat vom 22.02.2013, B 94, online abrufbar unter PARLIS

[82] Vgl. Vortrag des Magistrat vom 01.11.2013, M 197, online abrufbar unter PARLIS

dass es nicht sinnvoll erscheint, wenn man einen Straßenzug in dieses Portfolio integriert, der mittelfristig abgerissen werden soll. Dass dieser Straßenzug auch einen nicht unwesentlichen Teil des Gesamtvolumens des ÖPP-Projekts umfasst, wiegt an dieser Stelle umso schwerer. Des Weiteren ist die Vermutung, dass ein politischer Wille für dieses ÖPP-Projekt dahintersteckte, nicht ganz von der Hand zu weisen, da auch nach Bekanntwerden der genannten Problematik ein Scheitern des Projektes verneint wurde und man keinen Widerspruch zwischen Abriss und Sanierung des gleichen Objektes sah.[83] Dass das städtische Revisionsamt frühzeitig vor diesem ÖPP-Projekt gewarnt hat und dass das Projekt der Brückensanierungen letztlich aufgrund dieser Problematik gestoppt und nun in konventioneller Weise durchgeführt wird, bestätigt hingegen Kritiker von Öffentlich-Privaten-Partnerschaften. Auch *Roschmann* gibt zu bedenken, dass die öffentliche und private Handlungslogik verschieden ist, weil die Handlungsziele sich unterscheiden. Während die öffentliche Hand das Gemeinwohl im Blick hat, zielt der private Investor auf eine Gewinnmaximierung.[84] Nichtsdestotrotz ist angesichts leerer Haushaltskassen und dem immer weiter steigenden Sanierungsbedarf von öffentlichen Gebäuden und der öffentlichen Infrastruktur der Handlungsbedarf durch die öffentliche Hand groß. Es wäre naiv, wenn man nicht über andere Finanzierungsmöglichkeiten nachdenken und diese ggf. auch in Erwägung ziehen würde. *Roschmann* schreibt dazu, dass es sich als Vorteil für die öffentliche Hand erweisen kann, wenn man durch ÖPP eine frühzeitige Maßnahmenrealisierung erreicht und man den Haushalt nicht unmittelbar damit belasten muss.[85] Sofern eine vernünftige Planung im Vorfeld, insbesondere im Hinblick auf eine genaue Definition des durchzuführenden Projektes, sowie einer möglichst genauen Wirtschaftlichkeitsrechnung auch im Vergleich zu einer konventionellen Methode erfolgt, kann ÖPP unter Umständen die sinnvollere Realisierungsvariante sein. Wenn sich aber politische Interessen vonseiten der öffentlichen Hand durchsetzen und eine objektive Beurteilung der Sachlage nicht zulassen, kann sich ein ÖPP-Projekt als Fehler erweisen und unverhältnismäßige sowie sinnlose Kosten verursachen. *Kirsch* bezeichnet dieses Verhalten als ignorant gegenüber dem Umfeld. Tatsächlich wurde das *Projekt ÖPP-Ingenieurbauwerke Frankfurt am Main* schon in einer Fragestunde der Stadtverordnetenversammlung im Frühjahr 2010 thematisiert. Auf die Frage der Partei die LINKE., wann der Magistrat den Stadtverordneten die Vorlage zu diesem

---

[83] Vgl. Antwort des Magistrat auf die Frage F 105 vom 19.08.2011, online abrufbar unter PARLIS

[84] Vgl. Roschmann (2005), S. 49

[85] Vgl. Roschmann (2005), S. 48

Mammutprojekt in Höhe von einer halben Milliarde Euro zukommen zu lassen gedenke, antwortete Stadtkämmerer Becker (CDU), dass neben dem üblichen parlamentarischen Werdegang auch mehrere Informationsveranstaltungen geplant seien. Es sei angedacht, die Dinge „so *transparent wie möglich darzustellen*". In diesem Zusammenhang kam auch folgende und protokollarisch festgehaltene Aussage der Opposition zustande: „*Die LINKE. hat kein Problem damit, dass man Schulen baut. Wir wollen auch gar nicht, dass der Magistrat da Hand anlegt, das sollte man Fachfirmen überlassen, damit die Schulen auch etwas werden. Aber die Glaubensfrage, die Sie im Magistrat aus PPP machen, die können wir so nicht nachvollziehen. Ich mache es an einem Beispiel deutlich: Wir haben die vier Schulen zu einem Zeitpunkt saniert, zu dem sie 120 Millionen Euro gekostet haben, ich glaube sogar nur 108 Millionen Euro, wo Sie das aus Ihrer Cash-Kasse hätten bezahlen können. Aber statt die 108 Millionen Euro zu bezahlen, zahlen wir jetzt die nächsten 20 Jahre insgesamt 248 Millionen Euro. Warum? Wer würde so etwas machen? Wer kauft eine Waschmaschine per Ratenkredit, wenn er das Geld bar auf dem Konto hat? Das macht man nur dann, wenn man sich ideologisch unbedingt so verbrämt an PPP heranarbeiten muss.*"[86] Diese Aussagen unterstreichen die These von *Kirsch*, wonach beide Partner beim Erarbeiten der Projektkonzeption dazu neigen, ihre eigenen Interessen und Belange in den Mittelpunkt zu stellen und Einwände Außenstehender zu vernachlässigen. Ihre enge persönliche Bindung zu dem Projekt vermittele ihnen, so *Kirsch*, ein Gefühl der Stärke und Sicherheit, verbunden mit der Überzeugung, dass einer erfolgreichen Projektabwicklung nichts mehr im Wege steht.

Auch nicht unerwähnt soll an dieser Stelle nochmalig die Tatsache sein, dass das *Projekt ÖPP-Ingenieurbauwerke Frankfurt am Main* ein sehr großes Portfolio an Ingenieurbauwerken umfasste. Dies unterscheidet sich zu früheren sowie aktuellen und durchaus erfolgreichen Projekten im Straßenbau. Darin ist zumeist nur ein Straßenabschnitt mitsamt den Betriebskosten enthalten. Die Chancen, dass zumindest ein oder mehrere Bauwerke aus diesem Portfolio nicht oder nicht in dieser Form realisiert werden können, lagen sehr hoch. Trotzdem war die Überraschung, dass das ÖPP-Projekt letztlich scheiterte, groß. Es lässt sich somit festhalten, dass eine Realisierung von (notwendigen) Projekten der öffentlichen Hand, insbesondere im Hinblick auf eine vorübergehende Entlastung der öffentlichen Haushalte, eine sinnvolle Alternative darstellen kann; dass PPP allerdings neben einigen Vorteilen auch viele

---

[86] Vgl. Antwort des Magistrat auf die Frage F 1378 sowie weitere Nachfragen vom 23.02.2010, online abrufbar unter PARLIS

Gefahren birgt, sodass es zwingend notwendig erscheint, dass nicht nur handwerkliche Fehler vermieden, sondern auch politische oder private Interessen möglichst herausgehalten werden. Ein Allheilmittel für finanziell klamme Kommunen oder Bundesländer ist eine Öffentlich-Private Partnerschaft nicht. Auch nach *Hiller* handelt es sich bei Öffentlich-Privaten-Partnerschaften um keine Patentlösung für die Erfüllung von Aufgaben der von Haushaltszwängen geplagten öffentlichen Hand. Es müsse vielmehr auch weiterhin für jedes einzelne Projekt genauestens geprüft werden, ob diese Kooperationsform zwischen öffentlicher Hand und privaten Unternehmen tatsächlich einen Zusatznutzen gegenüber anderen Möglichkeiten der öffentlichen Aufgabenerfüllung bringt.[87] Aufgrund der Art und Weise des Scheiterns des *Projektes ÖPP-Ingenieurbauwerke Frankfurt am Main* ist die Begrifflichkeit „Öffentlich-Private-Partnerschaft" oder „Public Private Partnership" in Frankfurt am Main vermutlich auf Jahre negativ belegt. Ob die Stadt Frankfurt am Main in naher Zukunft weitere ÖPP-Projekte auf den Weg bringen wird, erscheint an dieser Stelle fraglich.

---

[87] Vgl. Hiller (2014), S. 39

# Literatur- und Quellenverzeichnis

**Böhm, Bettina**: Öffentlich-private Partnerschaften in der kommunalen Stadtentwicklung. Europäischer Verlag der Wissenschaften (1999).

**Chamakou, Kalliopi**: Die Öffentlich-Private Partnerschaft als neues Handlungsinstrument zwischen öffentlichem Recht und Zivilrecht. Eine rechtsvergleichende Studie zu Struktur und Funktion. Verlag Dr. Kovac (2011).

**Gerstlberger, Wolfgang/Schmittel, Wolfram**: Public Private Partnership als neuartiges Regelungsmuster zwischen öffentlicher Hand und Unternehmen. Edition der Hans-Böckler-Stiftung 121 (2004).

**Hiller, Karolin**: Öffentlich Private Partnerschaften zur Finanzierung traditioneller Kultureinrichtungen in Deutschland. Möglichkeiten einer umfassenden Kooperation zwischen öffentlicher Hand und Wirtschaftsunternehmen. Lernen vom italienischen Project Financing. Internationaler Verlag der Wissenschaften (2014).

**Kirsch, Daniela**: Public Private Partnership - Eine empirische Untersuchung der kooperativen Handlungsstrategien in Projekten der Flächenerschließung und Immobilienentwicklung. In: Prof. Dr. Schulte/Karl-Werner (Hrsg): Schriften zur Immobilienökonomie. Band 4. Rudolf Müller Verlag (1996).

**Reutzel, Andre/Rullmann, Jörg**: Public-Private-Partnership. Kommunal- und Schulverlag (2008).

**Rügemer, Werner**: Privatisierung in Deutschland - Eine Bilanz, 2. Auflage, Westfälisches Dampfboot (2006).

**Roschmann, Christian**: Public-Private-Partnerships. Versuch der Bestimmung eines Begriffes und seiner Operationalisierung. In: Stember, Jürgen (Hrsg.): Public Private Partnerships. Zukunftsmodelle für die öffentliche Verwaltung. Wissenschaftliche Schriftenreihe des Instituts für Verwaltungsmanagement e. V. PubliConsult (2005).

**Stember, Jürgen (Hrsg.)**: Public Private Partnerships. Zukunftsmodelle für die öffentliche Verwaltung. Wissenschaftliche Schriftenreihe des Instituts für Verwaltungsmanagement e. V. PubliCConsult (2005).

**Wolff, Sarah**: Public-Private Partnerships in Deutschland. Springer Gabler (2014).

## Onlinequellen

**AlfenConsult**: Vorläufige Wirtschaftlichkeitsuntersuchung – Wirtschaftlichkeitsuntersuchung für die Vergabe des ÖPP-Projektes Ingenieurbauwerke der Stadt Frankfurt am Main nach dem Verfügbarkeitsmodell. AlfenConsult GmbH (2010). In: Anlage 2 zum Vortrag des Magistrats vom 19.03.2010, M 46: Sanierung, Ersatzneubau, Neubau, bauliche und betriebliche Erhaltung inklusive der erforderlichen Planungsleistungen und Finanzierung von Ingenieurbauwerken des Straßenverkehrs als Öffentlich-Private-Partnerschaft (2010). Online unter: http://www.stvv.frankfurt.de/parlis2/parlis.html

**Duden online,** Suchbegriff: Private Public Partnership. Online unter: http://duden.de

**Gabler Wirtschaftslexikon,** Suchbegriff: Private Public Partnership. Online unter: http://wirtschaftslexikon.gabler.de

**Hoffer, Heike/Piontkowski, Kerstin**: PPP: Öffentlich-private Partnerschaft. Erfolgsmodelle auch für den sozialen Sektor?. Eigenverlag des Deutschen Vereins für öffentliche und private Fürsorge e. V. (2007). Online unter: https://www.socialnet.de/materialien/attach/260.pdf (Abruf: 01.08.2016).

**Murr, Günter**: 2,2 Mio. Euro in den Sand gesetzt. In: Frankfurter Neue Presse, 20.06.2012, http://www.fnp.de/lokales/frankfurt/2-2-Mio-Euro-in-den-Sand-gesetzt;art675,319086 (Abruf am 03.08.2016).

**PARLIS - Parlamentsinformationssystem der Stadt Frankfurt am Main.** Online unter: http://www.stvv.frankfurt.de/parlis2/parlis.html

**PPP Task Force im BMVBS**, PPP - Modelle – kurz. Online unter:
https://www.ppp-projektdatenbank.de/fileadmin/user_upload/Downloads/OEPP-
Vertragsmodelle.pdf


**Projektarbeitsgruppe Öffentlich Private Partnerschaften der SPD-
Bundestagsfraktion**: Öffentlich Private Partnerschaften - Ein Wegweiser für
Kommunen. Online unter: http://www.wasser-in-buergerhand.de/recht/oepp_spd-
bundestagsfraktion.pdf


**Simantke, Elisa**: Wer nicht hört, muss zahlen; in: Tagesspiegel, Nr. 21570 vom
13. Januar 2011, S. 4; Online abrufbar unter
http://www.tagesspiegel.de/politik/public-private-partnership-frankfurts-
blamage/7621730.html (Abruf: 01.08.2016).


**VIFG – Wir bahnen Wege**: A-Modell. Online unter:
http://www.vifg.eu/de/projekte/a-modell/index.php